DU
JOURNALISME,

OU

Il est temps d'en finir

AVEC

LA MAUVAISE PRESSE:

OUVRAGE

Extrait de la Bibliothèque bleue;

PAR **D.-J.**

PRIX : 50 CENTIMES,

Au profit de l'Instruction Primaire dans le Départem^t de l'Aube.

PARIS.

RORET, LIBRAIRE, RUE HAUTEFEUILLE,
AU COIN DE CELLE DU BATTOIR.

Septembre.—1832.

A Monsieur P*t*****,

Juge de Paix

Du Canton d'E***.

———————

Monsieur,

Notre bon La Fontaine a écrit quelque part : « Les longs ouvrages me font peur. » Les grandes préfaces sentiront toujours la flatterie, m'écriraije à mon tour ; aussi je me contenterai de vous dire :

J'offre au Magistrat intègre, au Fonctionnaire actif, au Citoyen sincère, l'hommage d'un essai sur, pour & contre la liberté de la presse périodique en 1832, par un homme consciencieux. Votre patriotisme voudra bien l'accepter.

J'ai l'honneur d'être,

Monsieur,

Avec une parfaite considération et constante estime,

Votre humble Serviteur,

D.-J.

DU JOURNALISME,

ou

IL EST TEMPS D'EN FINIR

AVEC LA MAUVAISE PRESSE.

LE temps n'est pas éloigné de nous, où la *Gazette de France* mentant à sa conscience, mais voulant servir ses patrons quand même, démentait chaque jour les faits vrais contenus dans les feuilles contraires à l'esprit de son parti. Elle intitulait ce travail quotidien : « Mensonges de la Journée; » article dont l'origine avait pris naissance dans la définition du mot journalisme.

En se conduisant ainsi, la perfide vieille était conséquente à ses dogmes. Elle jouait sur le mot et prouvait mieux que personne ce qu'est le journalisme sous la plume de bien des gens. Les faits qu'elle déniait en les appelant mensonges, devenaient eux-mêmes le prétexte des mensonges journaliers de la *Gazette,* de sorte que lorsqu'elle avait pris ses confrères en flagrant délit, ceux-ci mentaient. Au contraire, quand sa dénégation était une nouvelle imposture, c'était elle qui restait convaincue de mensonge. De cette manière la *Gazette* demeurait logicienne; que ce fut de son fait ou de celui d'autrui, il y avait toujours eu mensonge dans la journée.

Cette tactique de la *Gazette de France* n'était pas maladroite. En fait de rouceries quotidiennes, la feuille légitimiste contribua beaucoup à avancer la science du journalisme.

Qu'est-ce donc que le journalisme ?

Pour beaucoup de gens aimant leur patrie, qui sont enthousiastes de sa dignité, de sa grandeur, qui font des vœux pour sa prospérité et le bien-être particulier des classes diverses qui la composent, mais qui n'étendent pas leur pensée jusqu'à rechercher les moyens possibles, propres à procurer positivement ces avantages, la liberté de la presse est toute dans le journalisme. Pour d'autres, restent de vieux préjugés, de vieux souvenirs; ambitieux par orgueil, simples jusqu'à la crédulité du vulgaire; *statu quo* permanent au milieu d'un siècle qui se hâte; elle est aussi dans le journalisme ce lévier puissant de troubles, seul moyen à l'espoir d'un passé englouti. C'est lui qui crée, qui dispense et qui ôte; le fait est qu'il remue : voilà son art, son métier !

Et ce métier à qui profite-t-il ?

A ceux qui l'exploitent uniquement sans avantages pour la société qui en est la dupe. Des personnes plus sévères pourraient ajouter, « mais non sans troubles. » Le trouble pour moi n'est qu'un accident attaché à la condition nouvelle d'un état, à la position que chacun se cherche de nouveau, par suite du déplacement qui a eu lieu précédemment.

Je me hâterai de dire, pour ne pas être pris à partie, que par *journalisme* j'entends toutes les feuilles écrites sous une influence déréglée, mensongère et inconvenante; partiale suivant un intérêt pécunier ou opinion de coterie : en un mot, ce que l'illustre Casimir Périer avait défini par le nom de « mauvaise presse. » Loin de moi donc d'attaquer la liberté de la presse périodique ou non, dont l'esprit est contraire. De la mauvaise presse il ne peut résulter que du mal, de l'autre, que du bien.

La société est dupe du journalisme, parce que la société de bonne foi demande une égale bonne foi dans la liberté de la presse, soit que celle-ci discute des théories utopiques, ou avance des faits; toutes choses dont la vérité doit être le principe. Or, dans la marche actuelle de la mauvaise presse périodique, cette bonne foi existe-t-elle? La vérité qui devrait lui servir de base, apparaît-elle aux lecteurs chaque jour? Non. Jamais le journalisme n'a menti avec plus de constance, plus d'effronterie, plus d'audace. Jamais le journalisme n'a empilé les uns sur les autres plus de sophismes, entassé ou ressassé plus de sottises métaphysiques inintelligibles. Jamais la presse (toujours la mauvaise) n'a été comme aujourd'hui détournée de son but véritable.

Elle ne prévient plus le pouvoir, elle ne signale plus ses erreurs, elle ne critique plus ses actes; bagatelle que tout cela. Emportée au-delà par son intérêt cupide, elle emploie une fougue hypocrite pour calomnier, déchirer et soulever.

Mais, dira-t-on, si le journalisme est si peu utile ou fait autant de mal, comment se fait-il qu'il trouve tant de lecteurs? C'est ici une question insolite sur laquelle il convient de s'arrêter un moment. De sa solution naîtra, j'espère, la preuve patente de la constitution réelle de l'être que nous cherchons à combattre.

Le journalisme étant un métier, tout établissement de ce genre est une spéculation d'argent, et comme tout métier tend à faire les plus gros gains possibles, il faut que celui du journaliste vise aux plus grands effets; ressort unique d'où il peut prévoir ses succès. Fâcheusement c'est dans la société qu'il se procure ce ressort.

Il y a des gens constitués de telle sorte que, depuis quarante ans qu'ils sont avec la nation en marche de progrès, leurs sentimens semblent émoussés. Il leur faut maintenant en politique, comme en littérature, des émotions fortes, des images saccadées des évènemens extraordinaires. Leur cœur déplacé se porte à la tête, contrairement à cette époque où Boufflers disait plaisamment qu'on l'avait au ventre.

Il y a chez eux inconstance d'idées ; ils veulent et ne veulent point tout à la fois : ce qu'ils réclamaient hier, ils le jettent loin derrière eux aujourd'hui. Beaucoup de déplacement, de mouvement sans rien produire, et cependant voilà ce qu'ils appellent progrès. Ils sont, sans doute, l'écho du journalisme, habile à saisir cette nuance des sensations de cette portion de la société, dont ils forment l'opinion. De là, une opposition extrême pour entretenir l'opinion factice de son lecteur, de fausses nouvelles pour flatter sa curiosité, sans craindre même qu'il n'ouvre les yeux au démenti ou désaveu du lendemain, des injures contre ce qu'il y a de plus vénérable, de plus vertueux, de plus élevé dans l'état ou dans la société ; parce que son lecteur, possesseur de plus ou moins de passions ou de vices, aimera à les reconnaître chez autrui pour niveler sa taille à celle-ci. Ce miroir est faux, n'importe, il produit un moment d'effet ; il a frappé des esprits qui se croient libres, des simples qui veulent être trompés, comme cette femme du Visapour voulait être battue.

Sous ce rapport, le journalisme a un grand avantage sur la bonne presse. On sait le succès qu'obtient en France une méchanceté dite avec esprit. Combien le narré véhément d'un crime est recherché ! Avec quelle avidité on lit une nouvelle hazardée, écrite avec un ton tranchant ! Ajoutons que, dans des circonstances extraordinaires, lorsque des commotions politiques ont amené changement d'état, beaucoup d'intérêts sont froissés : l'industrie et le commerce se trouvent en souffrance, il y a atonie, paralysie d'occupations et de bien-être. Le *journalisme* vit de tout cela ; il fait ses affaires avec les bizarreries et les faiblesses humaines comme avec la misère des peuples.

Cela posé, je dois, pour convaincre entièrement, dérouler ici par des faits le système du journalisme.

Ne vivant qu'avec une classe d'hommes momentanément opposant au reste de la société, il faut soupçonner chez ce reste (majeure partie toutefois) des sentimens différens. En effet, cette classe met autant de calme dans sa conduite, que l'autre y met de mouvement.

Eloignée des extrêmes, sa place est au centre; de là elle examine, elle pèse, elle juge avec le bon sens et l'aplomb qui lui sont propres. Chez elle il n'y a pas fixité d'idées comme on voudrait l'insinuer, mais fixité de plan, parce que là seul est la tranquillité. « Pierre qui roule n'amasse pas mousse », dit un vieil adage; des esprits agités ne sauraient acquérir le repos. Ce qu'elle pense est à elle, ce qu'elle dit, elle le pense; elle a pour compagne la vérité, la vérité! cette reine du monde qui tôt ou tard aura son trône dans notre belle France. Ses désirs sont vifs, mais elle les manifeste avec des passions douces, sans aigreur, sans colère; elle marche vers son but qui est aussi le bonheur matériel des peuples, avec patience et modération. Ses améliorations sont durables, mais lentes, par cela seul qu'elles sont positives. Modeste et prudente, son tort est de ne point se mettre en regard du journalisme, qui a la ridicule prétention de représenter le corps social; son interprète est la liberté de la presse dans toute sa pureté américaine.

Comment donc le journalisme pourrait-il exister en suivant une marche qui eût avec elle quelque rapport? — Cela n'était pas possible, il devait employer les contraires : en fait, il s'y est jeté.

Les rédacteurs de ces feuilles, que sont-ils dans le monde? Quelle réputation comme écrivain, comme citoyen? Quelles garanties morales ou pécunières offrent-ils, sans exception, à la société? Quels sont la plupart du temps leurs précédens ? Et dans le moment où j'écris, y a-t-il un homme tout bonnement honnête qui voulût s'avouer correspondant de tel ou tel journal ?

Société anonyme, il faut au *journalisme* beaucoup d'argent ; quel est le bailleur de fonds qui rompra le silence en se faisant connaître ? Il y spécule parce qu'il est dans l'ombre, et souvent, lorsqu'il voit que le trimestre courant n'a pas rendu ses intérêts, fort gros sans doute, il réalise pour le trimestre suivant.

Voilà pour l'établissement, voyons la matière des feuilles.

Je ne remonterai pas jusqu'en 1789, pour faire l'historique des feuilles diversement opposantes ; je me bornerai aux quatre années qui précédèrent celle de 1832.

Le drapeau de la restauration, implanté sur notre sol à l'aide de l'étranger, ne pouvait plaire à la nation : les mœurs de la cour, incohérentes aux développemens des idées saines en France, causèrent tout d'abord un bruit sourd, prélude de tempêtes qu'on ne sut pas conjurer. Tantôt bien, tantôt mal administré, le vaisseau de l'état naviguait entre des écueils, sans qu'on pût obtenir de la raison du chef, inhabile par lui-même, un bon pilote. Loin de là, de mauvais côtiers le firent sombrer : la révolution de 1830 éclata.

Pendant toute cette époque, l'opposition fut ce qu'elle devait être, vigoureuse et savante, vraie, de bonne foi, et toujours convenante. On vit tour à tour passer dans ses rangs tous les genres de mérite et d'illustration ; nous pourrions les nommer !... Aucun d'eux ne se trouve dans l'opposition *journalisme* d'aujourd'hui.

1ᵉʳ EXEMPLE.

Chacun sait que les 221 députés de la chambre de

1829 formèrent le noyau d'opposition législative, qui devait renverser à jamais le despotisme.

A cette époque, une partie de ces fidèles citoyens fondèrent par actions le journal le *Temps*. Cette feuille, assise sur de larges bases et écrite avec patriotisme, fit fortune ; ses progrès en furent un pour la civilisation : accusatrice des ordonnances de juillet, elle avait salué avec chaleur l'aurore du trône de 1830. Cependant son esprit changea tout à coup ; les rédacteurs de cette feuille n'ayant pas apparemment obtenu les grosses places qu'ils attendaient, commencèrent une opposition boiteuse, incompréhensible, qui n'était pas dans les vues des fondateurs. Mandé à la barre de la société, le directeur déclina sa compétence, soutint qu'un journal ne pouvait vivre long-temps sans faire d'opposition, ajouta que, si MM. les députés étaient bailleurs de fonds, il était lui directeur inventeur, et conclut enfin par dire qu'il ne changerait rien à son système. Ceux de MM. les députés, qui ne voulurent être directement ni indirectement complices d'une telle *manière* de faire, retirèrent leurs fonds, s'isolèrent d'une entreprise dont le but était en opposition avec leurs principes, non sans avoir dit au gérant ce qu'ils pensaient d'une telle conduite. Le *Temps*, depuis ce temps, vole de ses propres ailes sans compter un succès de plus.

L'histoire du *Temps* est celle de bien d'autres rédacteurs, éditeurs ou fondateurs de journaux de Paris et des départemens ; furieux de ce qu'ils n'ont pu réussir à être les premiers du pouvoir dans une province, ils boudent ; leur allure est mixte ou décousue, quand elle ne va pas jusqu'à faire une opposition tranchée.

Ainsi, ils accueilleront de leurs correspondans tout ce qui sera peu probable, acerbe ou désavantageux au pouvoir.

En revanche, ils refuseront par surabondance de

matières ce qui est vrai, d'une saine et convenante critique.

Le modérantisme surtout a de quoi les faire trembler. « Cet article est trop juste milieu ; » cela veut dire : « cet écrit est plein de vérité, de raison ; il ré- » tablit un fait travesti, loue avec bonne foi les actes » qui le méritent, blâme également les hommes, etc.»

2ᵉ EXEMPLE.

Sur la fin du ministère Laffite, un article traitant de l'émeute infâme du 14 février, fut envoyé à un journal. L'auteur appelait l'attention du ministère sur ce misérable guet-à-pens, en termes honnêtes mais sévères. Il ne reçut point les honneurs de l'impression. Plus tard, le même eut occasion de voir un ami du rédacteur qui, sans attendre l'objection, lui dit : « Votre article n'a point été inséré, parce que » M. *** convoitait une place. » Telle est la vérité, rien que la vérité !...

Qu'on ne s'y trompe pas ; beaucoup de ces messieurs voudraient vendre leur personne et leur chose. Ils mentiront donc quotidiennement, ils insulteront, ils prêcheront la guerre quand la nation sera en paix, ils feront des vœux pour la paix quand ils seront parvenus à allumer la guerre ; ils demanderont au budget des économies sans pouvoir en préciser aucune, ils n'en découvriront pas là où, avec un système nouveau, il deviendrait possible d'en obtenir ; ils adresseront à leurs lecteurs bénévoles des conjectures sans vraisemblance, des prévisions qui ne devront jamais se réaliser ; ils se jeteront dans le vague des théories, par amour pour le peuple et surtout pour son *instruction ;* ils justifieront l'émeute en prétendant que le pouvoir aurait dû ou pu la prévenir : si le pouvoir prévient, ils se plaindront qu'on attente à la liberté des citoyens, et crieront bien haut qu'il fallait attendre, pour sévir, que le délit eût lieu. L'émeute comprimée, la justice devient trop lente, parce qu'ils auront tout fait pour en paralyser l'action.

S'agit-il de discussion, ils se transporteront sur un terrein où ils n'auront pas été appelés. En revanche, ils déserteront celui sur lequel ils devraient rester. Pourquoi? Parce que la vérité leur fait peur, et qu'il faut l'atténuer, l'altérer ou la dénier.

Et tout cela, jusqu'à ce que le pouvoir, bien harcelé, bien fatigué, achète l'établissement journalisme du denier de la veuve et du pauvre, ou donne un portefeuille à son directeur gérant. O honte et malheur à tout gouvernement qui donnerait dans un piége aussi vil et aussi bas !...

3ᵉ EXEMPLE.

Le *Temps*, dans sa feuille du 4 août 1832, disait : « On assure que M. Thil, soumis à la réélection, par » suite de sa nomination aux fonctions de conseiller à » la cour de cassation, se présentera comme candidat » au collége de Pont-l'Evêque. » Or, M. Thil n'est pas député.

Le *Journal du Commerce* disait le même jour du même fonctionnaire : « M. Thil vient d'être nommé » conseiller à la cour de cassation, pour pouvoir se » présenter au collége de Pont-l'Evêque; ce qu'il » n'aurait pu faire, s'il eût conservé ses fonctions au » parquet de Rouen. » Or, Pont-l'Evêque est du ressort de la cour royale de Caen.

Ainsi, voilà deux journaux qui chaque jour régentent le pouvoir, et qui ne connaissent pas même ni la topographie, ni les députés, ni les lois de leur pays ! Voilà des abonnés bien instruits et la France bien servie !.... Entrepreneurs d'absurdités, si vous l'avez fait sciemment, vous êtes coupables; si vous l'avez fait par ignorance, vous êtes des imbéciles !... De manière ou d'autre, vous ne méritez aucune confiance.

4ᵉ Exemple.

Nous avons toujours pensé que la manie d'une opposition systématique serait tuée, du moment où d'abondantes récoltes seraient rentrées, où le commerce reprendrait son activité et l'industrie son essor : toutes choses que le mois d'août nous prodigue. Aussi le *Courrier Français*, qui n'est pas le moins sophistique de la bande, devait-il chercher une raison à cet accident que la décroissance de ses abonnés rend plus grave sans doute. Voici comment il explique cette position dans son numéro du 4 août : « Ce statu » quo, cette absence de nouvelles, causent chez nous » un état d'inertie très-proche de l'indifférence ; le » gouvernement par sa langueur communique ce nar» cotique à la nation. » Puis il termine ainsi : « Qui ne » se souvient du temps où un bruit de guerre produi» sait une panique à la bourse et resserrait les capi» taux ? Aujourd'hui, bruit de guerre, protocoles, » traités faits et défaits, ne produisent plus guère d'im» pression. Un emprunt va se conclure, il sera sou» missionné au-dessus du pair, comme au temps des » plus grandes prospérités. »

Ceci est extrait textuellement, lecteur, il est bon d'en prendre acte ; et de pousser plus loin que le *Courrier*, qui n'aurait garde de convenir que l'état de chose dans lequel nous entrons heureusement, est la conséquence du calme de l'Europe, et de la certitude que chacun a de conserver la paix. Une telle manière de voir serait plus rationnelle ou au moins consolante ; le *Courrier* n'a pas mission pour cela.

5ᵉ Exemple.

L'emprunt de 150 millions vient d'être adjugé à 98 fr. 50 c. Le *Courrier*, cette fois, a failli dire la vérité ; mais ne voilà-t-il pas que la *Tribune* trouve ce chiffre misérable pour un intérêt de cinq pour cent. Où elle devient ensuite, où ses actions rapportent peu ?

D'un autre côté, le *Temps* avoue, qu'excepté l'adjudication du 4 pour cent, à 102 fr. 7 c. et demi, « c'est la meilleure opération qu'on ait faite. » En style d'Odry, c'est le cas de dire : « Que l'opposition » s'est *enfoncée* soi-même. »

6ᵉ Exemple.

La *Tribune*, dans son numéro du 8 août, donne avis à ses lecteurs « qu'une relation du voyage du » roi à Compiègne et du prince royal dans le midi, a » été imprimée au *Moniteur*. Tirée à 200,000 exem- » plaires ; 20,000 auraient été envoyées gratis aux » curés, gardes-champêtres, etc. ; 200 mille exem- » plaires à 1 fr. 50 c. de coût, font 300 mille fr., » dont la somme aurait été prise sur l'allocation : » Encouragemens aux beaux arts. De cette manière » on a retardé l'ouverture du salon et privé les ar- » tistes de la jouissance des fruits de leurs tra- » vaux. »

À ce crime de l'administration bien précis, bien patent, le *Moniteur* répond fort poliment :

« Un ancien officier a fait imprimer chez nous ce » voyage de ses deniers. Tiré à 750 exemplaires, les » frais d'impression, montant à 630 fr., en ont été » acquittés à notre bureau, le 5 août dernier. »

Est-ce là abuser de la crédulité de ses abonnés ?

7ᵉ Exemple.

Décidément le *Courrier français* fait une opposition de mauvaise foi.

Dans sa feuille du 21 août 1832, il continue la censure de l'ordonnance du 17 août même année, relative au tarif qui modifie les droits d'octroi de Paris.

Suivant son habitude, c'est toujours la faute du gouvernement si des emprunts sont contractés par des villes, ou si de nouveaux droits d'octroi sont frappés sur la classe pauvre.

Il demande d'abord d'un ton de maître, quoiqu'il ait la servitude en haine :

1° Ce qu'on a fait du dernier emprunt de 15 millions ?

2° Que va-t-on faire de celui de 40 millions ?

Puis disséquant le tarif, il affirme qu'avec ce moyen le peuple va payer le vin plus cher.

La viande de vache, cette nourriture spéciale du pauvre, plus chère.

Le poussier de charbon, ce combustible du pauvre, plus cher, puisqu'il est frappé du droit de 50 centimes par double hectolitre.

Voici maintenant la vérité :

1° Chacun sait que de pareilles ordonnances sont toujours rendues sur les délibérations des conseils municipaux, et jamais autrement.

2° L'emprunt de 15 millions n'a point été contracté, il est resté en projet pour faire place à celui de 40 millions.

3° Les événemens et surtout les émeutes, ont causé un déficit de 34 millions dans la caisse municipale de Paris.

4° L'hectolitre de vin sus taxé à 2 fr. 50 c., n'est pas un chiffre suffisant pour produire une augmentation dans le débit à la bouteille. C'est le vin en cercles qui la supportera.

5° L'augmentation de 3 fr. par tête de vaches, a été portée à ce taux, dans l'intérêt même du pauvre, à l'effet de rapprocher cette taxe de celle frappant le bœuf. Alors la différence étant peu sensible, le boucher préférera ne faire entrer que des bêtes d'un poids beaucoup plus fort, dont la chair vaudra mieux pour tout le monde.

6° Enfin, arrive la question du poussier, où le *Courrier* s'est enferré lui-même. Déraisonnant surtout, il avait vu là une augmentation de droit, quand, par une fatalité mystifiante, ce chiffre de cinquante centimes, donne par le fait une diminution de 35 centimes, ce combustible payant par le passé 85 centimes.

Pends-toi Figaro ! tu n'avais pas deviné que dans un tarif d'augmentation fait pour écraser la classe pauvre (toujours de la mansuétude), il pût se rencontrer un article de diminution.

Telles sont les raisons du *Courrier* pour se justifier.

Encore une fois, quand on veut censurer, on doit s'instruire sur les matières qu'on veut traiter. Une seule ligne d'un journal qui se respecte doit être pesée à la balance du bon sens, autrement il y a ignorance, mauvaise foi et calomnie. C'est là le *journalisme*, et non la liberté de la presse.

Vous voulez instruire le peuple, montrez donc vous même de l'instruction ? L'instruction en matière de presse, c'est la vérité. Voilà celle du peuple, voilà celle que réclame le monde. C'est à cause d'elle que déjà la province vous échappe. Hommes plus rapprochés de la nature, qui est la vérité, votre politique nous ennuie, vos théories nous endorment, parce que rien de ce que vous avez écrit depuis deux ans, n'a donné naissance à quelque chose d'utile. Si vous parlez esprit public, nous savons ce qu'il est, mieux que vos correspondans. Si vous parlez productions de la terre, nos granges sont pleines ; cette fois, il n'y a plus d'opposition à faire : voilà du positif. Voulez-vous faire du commerce de l'industrie ? nous savons encore juger de tout cela mieux que vous ; car, nos localités étant petites, nos fabriques se coudoient, c'est le fil conducteur du fluide électrique ; et si nous ne sommes encore que remplis d'espérance, cette espérance, au moins, est la conscience de l'homme de bien.

Nous terminerons nos citations par un exemple qui nous vient de l'étranger.

La France Nouvelle, du 12 août, cite un extrait de la *Gazette d'Ausbourg,* qui l'a recueilli elle-même de l'*Observateur Autrichien;* on y lit : « Le *Messager des Chambres* devrait s'appeler le *messager de* » *la guerre;* il faut un rare courage (l'expression est » très-mesurée) pour vouloir, bon gré malgré, réunir » des milliers de troupes sur un seul point, puis » les diriger sur la France; soutenir tout cela par des » chiffres, quand des millions de témoins oculaires » peuvent tout démentir en un instant.

» Le *Messager,* comme toutes les feuilles de cette » trempe, s'inquiète fort peu de l'opinion qu'on a de » lui en pays étranger; l'important pour lui est d'aigrir » et d'irriter les esprits en France. Il est satisfait s'il » a atteint son but, un jour, une heure : quand il n'a » pas semé l'alarme, il regarde sa journée comme » perdue. »

Ajoutons que la niaiserie du *Messager des Chambres* devient de jour en jour plus proverbiale en France.

Lecteurs, ce peu de faits, pris au hasard entre mille de la même force, vous donnera sans doute une idée exacte de ce dont le journalisme est capable; il spécule sur votre patriotisme sincère, mais superficiel, sur votre inoccupation momentanée, par suite de circonstances fortuites, mais qui ne tiennent qu'à la force des choses; sur votre bonne foi, qui ne saurait suspecter autant de duplicité, et votre laissez aller, qu'un peu plus de réflexion conduirait au moins à voir le fond de la gibecière.

Dites-moi, la main sur le cœur, si depuis deux ans que dure ce manège, vous avez trouvé dans la lecture des feuilles qu'il produit, un patriotisme qui ne fût pas simulé, le langage d'un ami de l'ordre et de la

vraie liberté; celui de la modération et de la con-
corde? Dites, si recherchant des faits, vous n'avez
par appris chaque jour de prétendues nouvelles, aux-
quelles vous n'avez eu à ajouter foi plus de vingt-quatre
heures; attendu que le mensonge ne saurait aller au-
delà de la vie du ciron? Récapitulez, s'il est possible,
les insertions fausses ou dubitatives, inconvenantes
ou ordurières, imprimées contre la dignité du roi,
contre les majorités parlementaires, contre la honte
que le ministère fait subir à la France, contre l'inexé-
cution des lois, contre la garde nationale et l'armée,
et tout cela avec une réticence calculée, sans rien
préciser, sans rien prendre sur le fait.

Alors de cette interrogation consciencieuse, la vérité reprenant son empire sur votre ame française,
vous abandonnerez bientôt ces folliculaires brandons
de nos discordes, dont vous êtes sans le vouloir les
coupables soutiens.

MOYENS D'EN FINIR AVEC LA MAUVAISE PRESSE.

N'imitons pas nos adversaires, vrais charlatans politiques, qui, ne sachant que blâmer avec insolence et
tyrannie, ne donnent aucun remède contre les ulcè-
res gangreneux, qu'ils prétendent reconnaître au ca-
davre politico-universel.

J'ai démasqué le journalisme avec lui-même, ma
tâche serait incomplète, si je ne recherchais pas les
moyens d'en finir avec ses excès, je toucherai aux
lois le moins possible, je commencerai par indiquer
le devoir de l'administration.

Je dirai donc, que lorsqu'en 1830, les habitans de
Paris opérèrent seuls, dans les trois journées, une révolution que la France sanctionna bientôt, au nom-

bre des libertés conquises, figura, sans nulle doute,
celle de la presse; cependant la nation entière n'en-
tendit jamais que cette liberté s'étendrait jusqu'à la
licence; jamais elle ne supposa qu'à la suite d'un si
glorieux événement, des français se livreraient pendant deux années à un débordement d'injures sur des
hommes estimables, par cela seul qu'ils sont au pouvoir; comme à des divagations idéologiques, contraires aux choses sacrées qui nous servent de palladium!...

Et quand il fut dit, art. 7 de la charte « Que les
» français auraient le droit de publier et faire impri-
» mer leurs opinions, en se conformant aux lois », les
législateurs entendirent certainement aussi que cette
liberté allait être subordonnée aux lois subséquentes
faites pour en régler l'usage.

Probablement ces lois sont encore à refaire; car
le débordement quotidien de la mauvaise presse,
nous prouve que celles qui règlent actuellement cet
usage, sont incomplètes ou insuffisantes.

Toutefois, que le pouvoir continue à déférer la
mauvaise presse au jugement du jury; là, toutes les
passions se taisent : que les juges acquittent ou con-
damnent, la loi a parlé, le pouvoir l'exécute, la société devrait être satisfaite; nous verrons tout à
l'heure pourquoi elle ne l'est pas.

Ils ont mauvaise grâce, ceux-là qui se plaignent
d'être traduits fréquemment : s'ils croient devoir user
d'un droit en publiant leurs pensées, celui du parquet est d'arrêter ce qu'il croit un écart. Le jury déclare qui a mieux compris le sien.

Vous avez réclamé le jugement de vos pairs en
matière de délit de la presse, vous l'avez obtenu, de
quoi vous plaignez vous? N'est-ce donc rien pour le
pouvoir, que de se voir chaque jour traduire à la
barre de vos lecteurs, puis à celle du jury; être
obligé de s'y défendre contre vos mensonges et

vos sophismes, où d'accusateur il devient accusé ; ressemblant tous tant que vous êtes à ces petits êtres turbulens, qui pour atténuer leurs torts, prétendent que ceux qui les ont découverts sont bien plus coupables qu'eux ? Cette circonstance est tellement vraie, que lorsqu'un verdict, heureusement très-rare, est prononcé en votre faveur, vous proclamez que le pouvoir est condamné.

Les jugemens reçoivent-ils entièrement leur exécution ? A voir le nombre des récidives, on serait tenté d'en douter. Elles font sur le public l'effet des têtes de l'hydre, qui pullulent au fur et à mesure qu'on en abat. Il nous semble que le moyen seul rationnel contre les fausses insertions, serait de donner sans cesse, et dans la feuille en défaut, le démenti le plus formel. A ce sujet, n'est-il pas plaisant de voir, d'une part, un journal de l'opposition avancer un fait faux avec une audace cynique, et de l'autre, le grave *Moniteur*, dénier cette nouvelle en termes si mesurés qu'on serait tenté de croire qu'il n'est pas sûr de ce qu'il dément : « Ce fait est inexact, ces jour-
» naux ont été mal informés, qu'on nous pardonne si
» nous venons démentir, etc., etc. » Morbleu ! pour calomnier, pour injurier chaque jour les ennemis de l'ordre et du pays, prennent-ils tant de précautions ?

> J'appelle un chat un chat, et Rollet un frippon !

Et le *Moniteur*, après avoir délayé en deux colonnes, un fait pour lequel il ne faudrait souvent que quatre mots, croit-il avoir donné une leçon à l'écrivain pour l'instruction du lecteur ? Comment ne s'aperçoit-on pas, qu'ici encore, le côté plaisant appartient au *journalisme*.

Le trait est décoché, la feuille est lue, la calomnie a produit son effet. Le *Moniteur* aura beau dénier, justifier, ramener la question à sa juste valeur, les intéressés à connaître cette dénégation ne la liront pas. Pour moi qui ne crois rien à ces feuilles, ai-je besoin de la lecture du *Moniteur* pour me convaincre de leur imposture ? Non.

Les jongleries du *journalisme* seraient bientôt épuisées, si chaque matin, on lisait dans ces feuilles le démenti mérité, bien clair et bien concis, des mensonges de la veille.

Sous ce rapport la loi est incomplète. Le gouvernement n'a pas le privilège accordé par elle au simple particulier. Un fait est avancé contre un citoyen. Son nom est prononcé, il use du droit très-juste de réclamation dans la feuille même. On impute sans cesse de fausses mesures à l'administration, ou personnellement à ses agens : le pouvoir réclame : on fait de la polémique dissuadante dans les journaux de sa couleur. Mais cette réclamation, ou polémique, reste sans effet, puisque la défense n'a pas lieu sur le même terrain que l'attaque, et que toutes ces imputations roulant dans le vague, peuvent être considérées comme la critique naturelle des actes généraux qui sont du domaine de la presse sous un gouvernement représentatif.

Il en serait tout autrement, si les journaux étaient obligés, d'après une injonction spéciale, portant paiement ou non, d'insérer les articles du journal, officiel, qui paraîtraient nécessaires à la justification du pouvoir ou d'un fonctionnaire public. Ainsi un article déniant un fait, ou justifiant qui de droit, serait inséré au journal officiel, avec injonction au journal délinquant de l'insérer dans les 24 heures.

Lorsque je demande une insertion préalable dans le *Moniteur*, on sent que je veux au gouvernement un organe officiel.

Qu'on ne s'y trompe pas, un gouvernement représentatif ne peut pas plus exister en France, que l'aris sans une police nombreuse. Un essai de ce genre fut tenté en 1830. On reconnut bientôt que la chose était impossible. La raison en est simple : sans cesse attaqué directement, le gouvernement doit pouvoir se défendre directement. Tant qu'une administration est de bonne foi, cette défense est facile, elle a réponse à tout.

Ici j'arrive à la loi : je serai court.

L'opposition, qui vit du mal qu'elle produit, va crier, sans doute, contre un nouveau remaniement des lois sur la matière, afin d'arriver, dira-t-elle, au bâillonnement nouveau de la presse périodique. Elle se tromperait à mon égard; je ne veux point toucher à cette liberté. Licencieuse ou non, elle subsistera. On continuera seulement à battre monnaie sur ses excès.

Chacun répondra de ses œuvres.

L'injure ou la sottise ne passera plus sous le couvert dubitatif d'un on dit.

Toute récidive sera punie d'une peine aggravant la position financière ou personnelle du condamné. A ce sujet, il me semble ridicule que, dans les délits de la presse, la récidive soit à peu près comptée pour rien.

En justice criminelle, les peines contre la récidive sont le moyen le plus moralement et le plus efficacement appliqué. Un homme peut avoir été la dupe de fourbes intéressés à le faire tomber dans le crime. Des passions ardentes ont pu l'entraîner à commettre une action vile ou infâme.

Le jury apprécie l'importance du crime par les antécédens du prévenu. Ceux-ci lui sont favorables ou non. Ah! si la vie entière d'un accusé pouvait être déroulée sous les yeux du juré, combien sa tâche serait adoucie, combien sa conscience serait à l'aise!

La récidive opère cette faveur. L'accusé, déjà frappé, est moralement condamné.

Quoi ! la récidive d'un abus de confiance entraînera peut-être une aggravation de peine de cinq ou dix années, et une récidive, dix fois, vingt fois renouvelée du délit de la presse, serait à peu près insensible à la position du coupable. Un serviteur qui me trompe, abuse-t-il moins de ma confiance, qu'un journal que je paie pour m'instruire de la vérité et qui me ment chaque matin? Changez-le, me dira-t-on. Non, répondrai-je. La presse est libre pour bien et non tout dire. La vérité doit être dans toutes les feuilles; si le contraire a lieu, c'est la faute de la loi.... Voilà pourquoi vos jugemens sont impuissans, pourquoi la société ne saurait être satisfaite.

Je conclurai par demander que les articles suivans soient combinés avec les lois de 1819, 1822, 1828 et 1831 sur la liberté de la presse, et presse périodique.

Article 1er. Le gouvernement est autorisé a créer ou désigner un journal (ou plusieurs) qui sera son organe officiel. Ce journal pourrait s'appeler le *Réfutateur*.

Art. 2. Lorsqu'un article, servant de réfutation à la doctrine d'une feuille quotidienne, ou au démenti d'un fait avancé par elle, sera jugé nécessaire au gouvernement; cet article devra toujours être inséré au journal officiel, avec injonction, à la feuille pour laquelle l'article aura été rédigé, de l'insérer à son tour dans les vingt-quatre heures.

Dans les départemens, le préfet du ressort aura seul cette faculté.

L'article réfutatif commencera ou finira par ces mots : « Ordre est donné à..... d'insérer la note présente dans son numéro de demain. »

Art. 3. Les notes réfutatives ne devront point excéder trente lignes d'une colonne, et en caractère (désigner le type fort lisible); passé cette quantité, la feuille pourra recevoir une indemnité à tant la ligne.

Art. 4. Lorsqu'un journal aura donné, sous la forme dubitative d'un on dit, un article calomnieux, ou laissant planer des soupçons offensans pour qui que ce soit, l'éditeur sera traduit et pourra être condamné, s'il ne prouve pas le fait avancé, ou s'il ne met pas en cause le correspondant de qui il tiendra le fait qui aura donné lieu à l'instance.

Art. 5. La calomnie prouvée, soit à l'égard de l'état, des fonctionnaires publics ou des particuliers, emportera prison, amende ou dommages et intérêts.

Art. 6. Lorsqu'un éditeur responsable aura été condamné six fois par le jury, le temps de la prison d'un septième jugement s'écoulera dans une maison de détention, qui ne sera pas moindre de cinquante lieues du *lieu* du délit.

L'amende ne pourra être moindre du tiers du maximum. Aux peines de récidives, plus haut, il pourra être ajouté le secret à temps (tiers, quart, etc.), ainsi que le pain et l'eau.

Art. 7. A la douzième condamnation, l'éditeur condamné sera reconnu incapable d'être à l'avenir éditeur responsable d'aucune feuille périodique.

Au moyen de ces précautions toutes de contre-poids, le démocrate pourra continuer à faire de la souveraineté populaire; le carliste, de la légitimité; mais au moins le désenchantement et le contre-poison s'opèreront par la feuille même qui aura empoisonné ou enchanté son lecteur débonnaire.

Quant à moi, qui fais, en livrant cet essai au public, un peu de ce courage civil dont tout français ami de l'ordre me saura gré, je déclare encore que par journalisme, je n'entends attaquer qu'un système et des actes en opposition patente avec la vérité et la bonne foi.

Qu'on me réfute maintenant ; toutefois, qu'on prenne garde qu'en poussant trop loin la critique, c'est le meilleur moyen de me donner raison. Mieux vaudrait, peut-être, abandonner ce système *déplorable aussi.* Ce serait me vouer à l'oubli !...

FIN.

IMPRIMERIE DE BOUQUOT.— TROYES.

www.ingramcontent.com/pod-product-compliance
Lightning Source LLC
Chambersburg PA
CBHW051201050726
47594CB00007B/3008